北洋海軍

戴逸 著

出版緣起

我們推出的這套「大家歷史小叢書」，由著名學者或專家撰寫，內容既精專、又通俗易懂，其中不少名家名作堪稱經典。

本叢書所選編的書目中既有斷代史，又有歷代典型人物、文化成就、重要事件，也包括與歷史有關的理論、民俗等話題。希望透過主幹與枝葉，共同呈現一個較為豐富的中國歷史面目，以饗讀者。因部分著作成書較早，思想和主張有作者所處時代的印記，作者行文用語具時代特徵，我們尊重及保持其原貌，不做現代漢語的規範化統一。

中和編輯部

目錄

導言　一部簡明北洋海軍史的拓荒之作

在中國近代歷史上，發生在一八九四年的中日甲午戰爭是中華民族最為慘痛的記憶之一。正是在這場戰爭中，清朝政府傾力打造的一支新型武裝力量——北洋海軍全軍覆滅。半個多世紀之後，中國學界第一本簡明北洋海軍史——戴逸先生的《北洋海軍》問世。又半個多世紀之後，先生親自將是書重加修訂，交由北京出版集團出版。一本小冊子，先後兩次出版問世，這其中有着怎樣的故事？對北洋海軍的研究，又與先生的人生經歷、學術道路和治學特色有何關聯？在此，筆者不揣冒味，嘗試略述一二，以期對讀者朋友有所助益。

一九二六年，戴逸先生出生於江南人文之鄉——常熟。他自幼酷愛文史，經常攥着家裡給的一點兒零花錢，追着走街串巷、出租連環畫小人書的流動書攤看書、聽故事，還不時鑽進街頭那些售賣古籍的小舊書店，專心致志地讀書。特別是每當夜深人靜之時，先生常常獨坐小樓之上，捧書吟誦，握筆圈點，往往沉醉其中，自得其樂。正是這種濃厚的興趣和廣泛的閱讀，奠定了先生堅實的文史基礎，而中國傳統學術講求經世致用的價值理念，中國古代士子以家國天下為己任的自覺意識，也在先生的心靈深處扎下了根，並潛移默化地影響到他日後的人生道路和學術秉性。

高中畢業以後，先生因情勢所迫，不得已報考了上海交通大學，就讀鐵路管理專業。然而，一個偶然的北京大學在上海招生的機會，觸動了先生潛藏心中的文史情結，他一舉考中並毅然決然地捨棄交大兩年的學籍，北上求學於北京大學史學系，從此與歷史學習和研究結緣。但是，平靜的學習生活很快被爆發的內戰打破，憂心國家前途和命運的先生義無反顧地參加了學生運動，創辦進步社團組織——孑民圖書館，並任館長，結果遭到國民黨政府的通緝，最終在中共黨組織安排下奔赴解放區，進入華北大學學習。結業後先生留校任教，並隨華北大學進京，一直在中國人民大學生活、工作至今。

如果說，先生當年從上海交大轉而投奔北京大學史學系，在很大程度上是興趣愛好使然；在北大上學時因參加學生運動而最終走上革命道路，也可以說是樸素的家國情懷所致。那麼，進入華北大學之後，通過對中共黨史、《毛澤東選集》和馬列主義經典著作的系統學習，先生的思想得到了新的昇華，不僅堅定了革命信念、加深了理論修養，而且自覺地將個人的興趣愛好與革命工作的需要密切結合，從中國革命史、抗日戰爭史到中國近代史，再到清史，在逆向回溯的研究過程中，形成了經世資治、求實創新的鮮明治學特色。

二十世紀五〇年代初，隨着中國革命的勝利，全國掀起了學習黨史、革命史的熱潮。鑑於普通民眾並不了解抗日戰爭的歷史，尤其是對共產黨、八路軍在抗戰中的作用幾乎一無所知，先生萌發了撰寫一本抗日戰爭簡史的想法。在著名黨史專家胡華先生的指導下，先生採用傳統的章回體形式，撰成《中國抗戰史演義》一書，以準確的史實、生動的文字敘述了中國八年艱苦抗戰的歷史。這部標誌先生踏入歷史研究領域的處女作，於一九五一年以「王金穆」的筆名出版，為中華人民共和國建立初期人們了解抗日戰爭的真實歷史發揮了重要作用。

五〇年代中期，馬克思主義史學的主導地位逐漸確立，近代史的研究開始得到學術界的重視，因為要説明中國走社會主義革命和建設道路的必然性，就必須研究一八四〇年鴉片戰爭之後的歷史，就必須揭示近代以來中國社會發展的規律。先生一方面適應教學和研究工作的需要，從一九五五年起連續在中國人民大學中國歷史研究班上開設中國近代史課程；另一方面認真思考近代史研究中的重大理論問題，與榮孟源、李新、劉大年、陳旭麓等史學家一起撰寫和發表文章，積極參與當時由著名學者胡繩的《中國近代史的分期問題》一文引發的學界大討論。通過對課堂教學的積累和理論問題的思考，先生不僅對中國近代史的基本線索、發展階段、主要特點、重要人物和事件都有了較清晰的了解，而且確立了以馬克思主義唯物史觀為指導的中國近代史的研究框架和學科體系。一九五八年，先生撰寫的《中國近代史稿》第一卷出版。該書詳細敘述了兩次鴉片戰爭的過程和太平天國運動的歷史，尤其是對太平天國這場波瀾壯闊的農民戰爭，先生努力以馬克思主義理論為指導，闡述其發生、發展並達到頂峰的過程，揭示其面臨的問題乃至最終走向失敗的原因，分析其推動社會發展的偉大作用及其與生俱來的歷史局限。深刻的思考，新穎的論點，嚴密的論證，再加上生動的文字和流暢的敘述，使得該書甫一問世即蜚聲京城，得到范文瀾、翦伯贊、尚鉞、吳晗等史學大家的好評，成為全國高校歷史系普遍選用的教材。

六〇年代末期，中國和蘇聯兩國在邊境發生衝突。在隨後進行的邊界問題談判中涉及兩國邊界爭議的諸多歷史問題。中國政府亟須學術界提供有關兩國交往的史實和文獻，特別是歷史上關於兩國邊界問題的爭議、談判等檔案資料。先生臨危受命，廣泛搜集檔案、日記等第一手資料，對清代康熙年間中俄《尼布楚條約》簽訂的背景、談判的情況、條約的內容、爭議的問題等做了嚴謹的考證和深入的研究，撰成

《一六八九年的中俄尼布楚條約》一書，於一九七五年以內部資料的形式出版。該書實事求是地探討了中俄雙方簽訂條約、劃定邊界的歷史事實，澄清了歷史上一些有爭議的問題，為當時中國政府處理中蘇邊境的有關問題提供了重要參考。

新世紀初，為實現多年來縈繞於心中的修史夢想，為履行對學界和國家的莊嚴承諾，先生率先倡議「把大型《清史》的編寫任務提到日程上來」，又與季羨林、任繼愈、王鍾翰、蔡美彪等十餘位權威學者聯名向中央寫信，籲請由政府出面組織纂修《清史》。二〇〇二年，國家大型修史工程正式啟動，先生眾望所歸，被任命為國家清史編纂委員會主任，主持《清史》纂修工作。先生多次強調，清朝處在從傳統社會向近代社會開始過渡的重要時期，時間跨度很長，距離今天最近。因此，要了解和掌握中國的國情，建設中國特色社會主義，就要對清朝的歷史有全面、深入的了解。但民國初年編纂的《清史稿》在觀點、內容和史實方面都存在問題，亟須有一部觀點正確、記事翔實、條理清楚、內容豐富、史料確鑿的高質量的《清史》來替代它。「盛世修史」既是中國古代綿延不絕的優良傳統，更是當今學人責無旁貸的使命擔當。先生明確表示，國家修史，百年不遇，有幸躬逢其盛，定當竭盡全力，不負重託，不辱使命。故而先生不顧耄耋之軀，十餘年來為纂修《清史》日夜操勞、忘我工作，如今雖已年逾九旬，仍鞠躬盡瘁，未有絲毫懈怠。

不難看出，先生的研究無論是從革命史、抗日戰爭史上溯到近代史，抑或從近代史回溯至清史，其主旨都是為了回應當代中國存在的重大現實問題，其目的都是為了探尋歷史的真相，闡發歷史發展的規律。可以說，先生的歷史研究始終貫穿着經世資治的情懷，體現出求實創新的風格，其境界之高、視野之廣、用功之勤、造詣之深，堪為我輩讀書治學之典範。

這本《北洋海軍》小冊子，在先生足以等身的著述中或許並不那麼起眼，但它同樣反映了先生讀書研史的鮮明特色。二十世紀五〇年代末，隨着在馬克思主義唯物史觀指導下歷史研究的開展，向廣大人民群眾普及歷史知識，傳遞正確的歷史觀和價值觀，就成為史學工作者義不容辭的責任。著名歷史學家、時任北京市副市長的吳晗熱心倡議編輯出版一套通俗歷史讀物「中國歷史小叢書」，為此特別召集各領域的數十名專家學者組成編委會，並親自擔任主編，策劃選題，聯繫作者，審讀書稿。為更好地推動工作，吳晗倡導編委會的專家學者也要自覺地「為人民而寫史」，每人自選題目，撰寫一冊。當時，因《中國近代史稿》第一卷的出版而嶄露頭角的先生，與白壽彝、任繼愈、何茲全、周一良、侯仁之等前輩大家一道，應吳晗之邀請，出任「中國歷史小叢書」

的編委。鑑於甲午戰爭在中國近代歷史上的特殊性，考慮到學界對與之相關的北洋海軍研究的極度缺乏，先生從當時正在撰寫的《中國近代史稿》第二卷中特意抽出有關北洋海軍的內容，以通俗曉暢的語言和生動活潑的形式撰成《北洋海軍》一冊，作為「中國歷史小叢書」之一種，於一九六三年出版。

北洋海軍是清朝政府花費巨資從英國、德國購買艦隻打造而成的中國海軍。鴉片戰爭之後，清朝統治者中的有識之士逐漸認識到中國正面臨着「數千年來未有之變局」，必須學習西方先進的科學技術知識，才能富國強兵，挽救危局，鞏固統治。因此，清廷自十九世紀六〇年代開始，先後採取了一系列舉措，諸如編練新式海陸軍、製造或購買槍炮和船艦、興辦近代工礦交通企業、引進機器生產、翻譯西方書籍、設立新式學堂、培養科技人才等，掀起了從上到下、聲勢浩大的以「求強」「求富」為主旨的洋務運動。其中，舉全國之力耗費三十年時間建成的北洋海軍被視為洋務運動「強兵」成效的典型。然而，這支當時號稱「亞洲第一」的北洋海軍卻在中日甲午戰爭中不堪一擊，一敗塗地，全軍覆沒。清廷割地賠款，喪權辱國，真正創巨痛深，刻骨銘心。但也正是北洋海軍的覆滅和甲午戰爭的慘敗，極大地驚醒了中華民族，促使人們痛定思痛，重新尋求新的發展道路。深重的民族危機促成了新的轉機，甲午戰爭也因此而成為中國近代史上一個極為重要的轉折點。那麼，北洋海軍是如何建立起來的？它建立的背景、過程是怎樣的？它又是如何在戰爭中覆滅的？其中有哪些值得汲取的經驗教訓？又能給後人帶來甚麼啟示？先生在《北洋海軍》一書中，依據當時所能見到的資料，原原本本地敘述了北洋海軍創建、發展和在中日海戰中失敗的過程，並努力運用馬克思主義唯物史觀分析北洋海軍建立的背景，甲午戰爭必然發生的深層次原因，揭示北洋海軍失敗的歷史教訓及其深刻啟示。雖然在二十世紀六〇年代學術界乃至整個意識形態領域普遍強調「以階級鬥爭為綱」的情勢下，書中對歷史事件以及相關歷史人物的敘述和分析也不能不受到一定的影響，但先生仍然秉持求真求實的準則，儘可能客觀地展現出北洋海軍從建立、成軍到失敗的全過程。也正因為如此，《北洋海軍》作為「中國歷史小叢書」之一種出版之後，不僅以全新的內容和形式首開中國海軍研究的風氣，而且為中國近代歷史知識的普及和愛國主義思想的傳播發揮了重要作用。

此次出版社為普及中國歷史知識、弘揚優秀傳統文化，決定重新出版《北洋海軍》。欣慰之餘，先生不顧年高體弱，親自對當年舊作進行修改。有的文字重新潤色，有的敘述重新改寫，有的史實增補細節。更重要的則是先生積平生研究歷史之心得，重新審視百年以前北洋海軍從創建至覆滅這一引領洋務運動發展的歷史事件，重新回顧近代以來中華民族奮起和抗爭的坎坷歷程，眼光更為深邃，態度更加平實，敘述更為客觀，分析也更加深刻。誠如先生所言，北洋海軍的建立代表着中國社會從農耕文明向近現代社會轉型的過程，標誌着中國社會全方位的進步，它所開啟的是中國近現代社會的基礎。可以說，作為一部簡明北洋海軍史的拓荒之作，《北洋海軍》一書同樣反映了先生史學研究強調經世資治、求實創新的可貴特色。

人們常說，前事不忘，後事之師。今天，在中華民族重新崛起，努力實現中國夢的偉大歷史進程中，我們更應該牢記曾經經歷的挫折和承受的苦難。而對昔日的回顧和剖析，無疑有裨於我們更深入地汲取歷史的智慧，進而更好地探索明天前進的路徑。就此而言，先生的《北洋海軍》一書不僅值得一讀，更值得認真思考。

黃愛平　丁酉歲末於
中國人民大學宜園

一　從一椿騙局說起

一八九四年中日甲午戰爭中，中國和日本的海軍在黃海上狠狠地打了一仗，中國這支海軍就是北洋海軍。下面所講的就是北洋海軍建立、發展和覆滅的故事。

北洋海軍從創建至一八八五年（光緒十一年）成軍，經過了艱難困苦的努力，可以追溯至二十五年前阿思本艦隊的建立，這是清政府第一次建立海軍的嘗試，結果是一椿騙局，剛建立就被解散。

那是在一八六一年太平天國革命的後期，太平軍在長江下游發動了強大攻勢，打破了江南大營①，攻下了蘇州、常州，包圍了上海，大軍所至，勢如破竹，控制了長江下游的運輸線。由於戰略上的需要，清政府需要從外國購買一批兵艦開到長江裡來，和太平軍作戰。清政府委託在華任職的英國人李泰國向英國購買軍艦。

李泰國興高采烈地接受了委託。李泰國是甚麼人呢？第二次鴉片戰爭以後，外國人掌握了管理中國海關的權力，李泰國就是第一任的中國海關總稅務司。他控制着中國的海關，又藉購買軍艦的機會，意圖得到控制中國海軍的事權。

清朝政府本來只託他買船，他卻把甚麼事情都通通給包辦了，除買了七艘又小又舊的軍艦外，又找了六百個外國水兵，任命了一個名叫阿思本的人當艦隊司令，組織了一支完全受自己支配的軍隊。李泰國肆無忌憚，把生米煮成了熟飯，強迫清朝政府購買的這支海軍由他本人節制，不歸清政府直接管。

一八六三年，這支艦隊開到了中國，真是離奇荒唐，船是外國船，兵是外國兵，司令是外國人，它是中國出錢購買的不歸中國管的艦隊。李泰國偽造了一個合同，說是他代表清政府和那位自封「司令」的阿思本訂立的。這個合同說些甚麼呢？

其中一條說：阿思本只接受由李泰國傳達的清朝皇帝的命令，由其他人傳達的命令一概不接受。

又一條說：李泰國認為皇帝的命令不合理時，可以拒絕傳達。

又一條說：中國所有的海軍，歸阿思本一人指揮。

又一條說：中國海軍將掛用「歐洲性格」的旗幟。

好了，不必多引證了。外國的船，外國的士兵，外國的司令，外國的旗，李泰國把中國海軍完全抓到自己手裡。這支中國海軍可以不聽任何中國人的命令，甚至連皇帝的命令也可以拒絕，這真是一支奇怪的「中國海軍」！

李泰國欺騙了清朝政府，不僅遭到清政府總理各國事務衙門的強烈反對，也觸犯了其他很多侵略者的利益。譬如，美國看到英國人搶去這樣大的權力，非常反感。美國公使蒲安臣在一個秘密報告中說：「阿思本做了中國海軍統帥，我們的工作就很困難了，因為我們美國人對於海關的規則，從來是不遵守的。這件事，中國政府就是不反對，我為着美國的利益，也不能答應的。」其他很多國家的態度也與美國一樣。

感到惱火的人還有曾國藩、李鴻章等地方實力派。他們當時正在長江下游和太平軍作戰，知道船已經買回，自然滿心高興，指望用這些船來擴充自己的兵力，對付太平軍。誰知如今卻從半路殺出個程咬金，不但軍艦不歸自己管，而且還有一個外國司令和一群外國兵要闖到長江下游來橫行。所以他們也竭力反對，對清朝中央政府說：「當初只是購買船隻，怎麼又跑來一個外國司令呢？我們不能讓他開進長江裡來，否則，就要影響我們的士氣，跟太平軍的仗也打不下去了。」

清朝政府不能接受這樣的一支艦隊，但木已成舟，怎麼辦呢？後來還是曾國藩提出了一個「兩全」的辦法，他說：「像中國這樣的大國，區區一百多萬兩銀子的買船經費，就像一根毫毛一樣，根本不在乎的，不如解散艦隊，把船隻送給外國算了。」清朝政府無可奈何，只好參照曾國藩的建議，解散艦隊。可是李泰國不答應，後來費了許多唇舌，好說歹說，答應給他一筆很大的遣散費。李泰國看到各方面的反對，知道事情弄不成，也就同意遣散艦隊。李泰國企圖控制中國海軍的野心雖然沒有實現，但藉此敲詐了一筆遣散費，大大地發了一筆橫財。

後來，這批艦隻駛回英國出售，售船所得的錢就作為遣散費。不過據李泰國說，所得的錢還不夠遣散之用，清朝政府只好掏腰包補給。共計購船經費是一百三十萬兩銀子，另補給經費三十八萬兩。那個自封的「司令」阿思本也沒有白跑一趟，清政府還送給他犒賞銀一萬兩。

清朝政府建立的第一支海軍，就這樣胎死腹中，受騙上當，落得艦財兩空。

注釋：

① 建立在太平天國天京城外的清軍大營。

二　造船和買船

清朝政府建立海軍的最早企圖，在李泰國的騙局中幻滅，但是清政府並沒有放棄建立海軍的願望，因為中國迫切需要一支近代化的海軍來對抗外國列強對中國的侵略，事關國家的興亡。所以，此後清政府仍然非常熱衷於製造船隻和購買船隻。

一八六六年，一個專門製造船舶的大型工廠在福州馬尾山下建立起來，這就是著名的福州船政局。

福州船政局由閩浙總督左宗棠發起創辦，後來由南洋大臣沈葆楨主持，請來主持造船工程的是兩個法國人，一個名叫日意格，是一個熱心於造船的法國海軍軍官，另一個名叫德克碑，也是一個海軍軍官，兩人都曾在左宗棠麾下率領「常捷軍」與太平軍作戰。日意格忠實於清政府，對造船工程很認真，秉公辦事，跟着沈葆楨平地建廠，奔走於海內外，說服法國皇帝和國會支持建廠，招募法國工程技術人員，購置機器，管理留學生，還學會了中國話，能看文言的奏摺、信函、公文，成為沈葆楨有力的助手。福州船政局不僅是造船廠，也是早期的海軍學校，有前學堂和後學堂，學習造船、航海和海戰，學兩門外語——法語和英語，曾派出很多學生到法國和英國留學，培養出很多海軍和造船人才。

福州船政局於同治五年（一八六六年）建廠，到了同治十三年（一八七四年），在經費短缺、經驗不足的情況下，以每年兩艘的速度，已經建造出十五艘軍艦，打下了中國造船工業和海軍艦隊的基礎，這支「南洋海軍」是第二支中國海軍。隨着歐洲造船技術和兵器工業的快速發展，清朝政府逐漸意識到以前製造的木質炮艦已經落後，於是改變了方針，停造木質兵艦，改為建造鐵甲艦。福州船政局積累了經驗，逐步掌握了造船技術，不斷更新改進，後來自己建造出中國第一艘輕型鋼甲巡洋艦「平遠」，納入北洋海軍序列，參加了黃海海戰。

由於國家財政短缺，福州船政局幾度瀕臨關門停產，經沈葆楨艱辛經營，奔走疾呼，極力抗辯，才保全下這爿艱苦奮鬥創下的造船基業。

同治十三年，日本薩摩藩西鄉隆盛侵略台灣，清政府開始真正重視加強海上防衛，要建立強大的海軍。皇帝發佈詔書，在全國發動「海防大籌議」，商議加強海防的國策。當時在西北的左宗棠，正在對付對新疆虎視眈眈、挑動西北少數民族同清朝作戰的俄國，對俄戰爭迫在眉睫，一觸即發，正需要用於戰備的軍餉，於是引起「塞防海防」之爭，西北邊疆和東南海疆的軍事防禦都需要用錢，怎麼辦？最後，清政府做出決定，兩邊都重要。每年撥四百萬兩銀子作為海防經費專款，從海關稅收中撥出四成，在沿海七個省份的厘金中抽取。從北至南在沿海興建炮台、壁壘等海防設施，購置軍艦，建設海軍。

北洋大臣①李鴻章負責主持購買軍艦、建立海軍的事務。光緒元年（一八七五年）以來，全國出現持續幾年的大災荒，全國都要賑災救助，洋務運動期間需要建設工廠、開辦企業、開發礦山、興修鐵路、架設電報線、開辦學校，需要進行很多大型的經濟建設項目，國家財政非常拮据，各省各地都缺錢，清政府所計劃的每年四百萬兩海防專款根本無法湊齊，南洋大臣②沈葆楨顧全大局，把南洋的撥款讓給了北洋，是為了使中國海軍能夠快些成軍。到了光緒七年（一八八一年），李鴻章手裡只積攢下一百四十萬兩白銀，仍無法建起大型海軍鐵甲艦隊。

當時的中國，列強環伺：俄國在西北覬覦新疆；英國在雲南武裝挑動邊事，激發「滇案」，藉此簽訂《煙台條約》，進入內地長江通商，爭奪市場；法國侵佔了越南南方，正準備佔領北方；日本侵佔台灣，吞滅琉球國，準備侵佔朝鮮。它們或是通過戰爭手段，或是通過「萬國公約」的法理名義，正在消滅中國周邊歷史上的藩屬國家，意圖在亞洲建立和擴大勢力範圍，進而全面進入中國。清政府在國家危亡之際，認識到必須建立海軍，但是中國社會剛剛從農耕文明起步，通過洋務運動向近現代社會邁進，沒有時間立即轉變為工業社會，在金融等方面也沒有形成現代化體系，國家財政極為匱乏，無法迅速建成海軍。

中國海關總稅務司赫德根據這種情況，建議購買一種新型的英國鐵炮船。這種炮船身輕炮強，所以稱為「蚊船」，適合當作近海的活動炮台以防禦海岸、海口，不適合於遠洋海戰。李鴻章雖然認為不能單純防禦，但為了應急，不失為權宜之計，先後由北洋和山東、廣東向英國訂購了十三艘蚊船。

這些蚊船在南、北洋時分時合，應事調用，與其他艦船混合使用調配，或可看作是北洋海軍成軍之前的過渡時期形成的第三支中國海上武裝。它們雖然沒有編成一支單一的艦隊，卻給正在發展的中國海軍裝上了鐵甲，增強了實力，在廣袤的中國海域執勤、訓練、護航、游弋，在中國台灣和朝鮮事務中起到了很大作用。

北洋海軍的建立是從光緒七年開始的，那時李鴻章開始向英國購買輕型鐵甲巡洋艦「超勇號」和「揚威號」，於光緒八年（一八八二年）在德國定製「定遠號」和「鎮遠號」，以後又從英國訂購「致遠號」和「靖遠號」，從德國訂購「濟遠號」和「經遠號」。這些鐵甲艦被命名為

「遠」，與以前多以「鎮」字命名的蚊船相比，可以看出其長遠用意不在單純的防禦，而是意在「制敵於遠」的遠洋威懾。日本吞滅琉球國再次敲響了警鐘，喚醒了中國的遠洋戰略意識。

光緒十年（一八八四年）的中法戰爭，由於不戰不和，邊打邊談，導致了複雜多變的戰爭局勢，法國海軍先發制人，在閩江出海口消滅了福州船政局建立的第二支中國海軍——南洋海軍。

南洋海軍毀於一旦，震動全國，再次引起「海防大籌議」。北洋海軍加快了建設，終於在光緒十一年（一八八五年）成軍，成為中國第四支海軍。經過三十年的曲折和奮鬥，建成清代最強大的一支海軍。

注釋：

① 北洋通商大臣的簡稱，辦理天津、登州、牛莊等三口的通商交涉事務，後又總攬外交、海防等各項事權，由直隸總督兼任。

② 南洋通商大臣的簡稱，地位和北洋大臣相當，職權也大體相同，轄東南沿海和長江沿岸各通商口岸，由兩江總督兼任。

三　北洋海軍的建成

經過三十年的造船和買船，清朝政府終於建立起一支北洋艦隊。這三十年中，製造和購買了一百餘艘大小軍艦，一八八四年中法戰爭中被擊沉了一批。此外，觸礁沉沒、陳舊報廢或不宜作戰而改成教練船、運輸船、商用船的很多。所以，後來編入北洋艦隊序列的正式軍艦只有十六艘。南洋方面（指長江以南的沿海省份）也保留着少數艦隻，但又小又舊，不能成軍作戰。

北洋艦隊的精鋭戰艦只有七艘，即「定遠」「鎮遠」二艘鐵甲艦（主力艦）,「致遠」「靖遠」「經遠」「來遠」「濟遠」五艘穹甲快艦（巡洋艦）。這七艘軍艦是花了將近八百萬兩銀子從德國和英國買來的。此外，還有「平遠」「超勇」「揚威」等快艦，「鎮東」「鎮西」「鎮南」「鎮北」「鎮中」「鎮邊」等蚊子炮船（炮艦），以及許多教練船、運輸船和魚雷艇。

清政府除了購買軍艦以外，又動員大量人力、物力建設旅順和威海衛的海軍軍港，建造船塢，修築星羅棋佈的海岸炮台，駐屯大批軍隊，於是北洋海軍的規模大體具備。一八八五年，又在京城設立了海軍衙門，醇親王奕譞（光緒皇帝的生父）擔任總理大臣，奕劻和李鴻章擔任會辦，善慶和曾紀澤擔任幫辦，而實際負責海軍工作的是李鴻章。

近代化海軍在中國前所未有，缺乏專門人才是很大的問題。李鴻章派去統率北洋海軍的海軍提督[1]丁汝昌是個舊式的陸軍軍官，不懂得海軍，所以聘用了許多外國教習和軍官。長期擔任水師總查[2]的是英國人琅威理，琅威理治軍嚴明，管理有方，很快提高了北洋海軍官兵的軍事素質。但由於丁汝昌不在的時候，提督旗降落，琅威理堅持要升起自己的旗子來代表北洋海軍，因此激起一些軍官的不滿，北洋海軍中展開了一場驅逐琅威理的運動，李鴻章不得不把他辭退。此外，德國人式百齡、漢納根和英國人馬格祿也都取得過北洋海軍提督或副提督的官銜。這些人對北洋海軍的建設都做出過貢獻。

北洋海軍裡管帶（即艦長）以下的中下級官佐，主要由福州船政局留學外國的學生或中國學堂的學生們擔任，如我國第一批官費留學生劉步蟾、林泰曾、林永升等分別擔任各艦的管帶；著名的翻譯家嚴復也是同期的留學生，擔任天津水師學堂的總教習；著名的思想家、語言學家馬建忠是法國留學生，負責天津水師營務處[③]的工作；還有黃海大戰中壯烈犧牲的致遠艦管帶鄧世昌，也是福州船政學堂最早的優秀學生。

這些學生們學習了西方的科學知識和駕駛技術，是北洋海軍中不可缺少的專家。他們既有傳統教育的根基，有一腔愛國熱忱，也有新知識、新思想。其中有些人如鄧世昌、林永升等，在後來激烈的海戰中勇往直前，英勇地獻出了自己的生命。他們是近代中國反侵略鬥爭中的民族英雄。當然，這些學生中也有一部分不良分子，整日花天酒地、聚賭宿娼，到了戰爭臨頭，便貪生怕死，當了可恥的逃兵。

北洋海軍裡的士兵都是從沿海勞動人民當中招募來的。他們勇敢、耐勞、勤於操練、嚴守紀律。一個外國人描寫他看到的情形時說：「水手們面部總帶着愉快的笑容，他們的動作活潑機敏，用種種方式把炮座裝飾起來，對炮座、船隻流露出親切的感情。從戰爭道德來說，艙面的士兵和機械室裡的職工都是最優秀的。」的確，北洋海軍的廣大士兵具有高度的愛國熱忱和英勇頑強的戰鬥精神，後來中日海戰中給予日本侵略者以巨大的打擊。他們是甲午戰爭中堅決的抵抗派，是保衛民族利益的一支主要力量。黃海大戰之前，有一位艦員的弟弟正好在定遠艦上探親，沒來得及下船，艦隊就緊急護送陸軍奔赴朝鮮。大戰中這個少年參加作戰，表現極為英勇，體現了中華民族的氣節。戰鬥中，很多外國教習軍官和中國官兵並肩作戰，英勇戰鬥，有的戰死，有的受傷，其中比較著名的有美國人馬吉芬，他留下了描寫戰鬥過程的記錄。

北洋海軍成軍之後，再沒有增添一艘軍艦，停止發展。部分是因為財政原因，維持一支大型的艦隊花費很多，清政府的財政收入本來就難以為繼，再加上慈禧太后不顧國家大局而大興土木，染指海軍經費，於是購船完全停止下來。

注釋：

① 北洋海軍的指揮官。

② 相當於總顧問、總教習一類的官。

③ 營務處是負責軍營中行政事務的機構。

四　日本不宣而戰

當北洋海軍建立的時候，遠東形勢正逐漸緊張起來，矛盾的焦點集結在朝鮮問題上。英國、美國、俄國、日本等一個跟着一個打進了朝鮮，特別是剛剛興起的日本，抱着獨霸東亞的野心，企圖併吞朝鮮，然後再以朝鮮為跳板，侵入中國的東北。日本屢次在朝鮮策劃政變，發動武裝挑釁。

中國和朝鮮都是被侵略、被蹂躪的國家。兩國人民在歷史上有悠久的經濟、文化的交流，在反對帝國主義侵略的鬥爭中更進一步結成了兄弟般的友誼。日本侵略者在朝鮮發動的幾次政變，在朝鮮人民的努力和中國的支援下都被鎮壓下去了。日本把中國看成是自己侵略道路上的絆腳石，要併吞朝鮮，一定要先打敗中國。日本侵略者抱着這樣的信念積極地準備戰爭，歐洲列強袖手觀望，以便從中得利。遠東的天空中密佈着重重陰雲，一場暴風雨即將來臨。

一八九四年六月，清政府應朝鮮統治者的請求，派遣陸軍二百多人開赴朝鮮，幫助鎮壓朝鮮東學黨起義，當中國軍隊開到朝鮮，東學黨起義已被鎮壓下去。日本侵略者抓住這個機會，認為發動侵略戰爭的時機已到，藉口保護使館和僑民，派大批軍隊侵佔了漢城，威逼朝鮮政府訂立亡國條約。中國軍隊被隔絕在牙山一帶，孤立無援，有被殲滅的危險。到了這樣的地步，李鴻章起初想依靠英國、俄國出面調解，爭取準備的時間。七月下旬，李鴻章派出二百多名援軍，分乘商船，開赴朝鮮，並派海軍「濟遠」「廣乙」等艦護航。

哪裡知道天津的電報局裡遍佈日本間諜，日本方面立即得到了中國增援和護航的詳細情報。七月二十五日，「濟遠」和「廣乙」從牙山回駛，行至豐島海面，日艦「吉野」「浪速」「秋津洲」預伏在此，進行襲擊。當時中日兩國並沒有宣戰，日本海軍用不宣而戰的卑鄙手段，首先發炮攻擊，中國軍艦也進行還擊。

「廣乙」是廣東的軍艦，因參加海軍巡閱而來到北方，沒有來得及回廣東，就和「廣甲」「文丙」等編入北洋艦隊中。「廣乙」艦船身小、戰鬥力弱，開戰後不久就受了重傷，船身傾斜，管帶林國祥可恥地逃離戰場，後來駛至朝鮮海岸淺灘，將船焚毀。

濟遠艦上的士兵和某些將領作戰很英勇，他們和優勢的日艦猛烈搏鬥，大副沈壽昌等數十人中炮犧牲。管帶方伯謙下令撤退。當時正好有商船「高昇號」、運船「操江號」載運一千多名陸軍和各種器材駛來，「濟遠」本有護航的責任，卻丟下「高昇」和「操江」不管。日艦「吉野」窮追不捨，方伯謙掛起白旗，在白旗下面又掛了日本的海軍旗。濟遠艦上的士兵十分氣憤，水手王國成、李仕茂等違反方伯謙的命令，發尾炮轟擊，連發四炮，三炮命中，其中有一炮擊中「吉野」的要害，「吉野」受傷，船頭立即低俯，不敢再追擊。這個事實說明了中國士兵的英勇機智和愛國熱忱，可惜他們在怯懦的將領的指揮下，不能夠充分發揮打擊敵人的力量。

「高昇」和「操江」兩船失去保護，結果滿載器械的「操江號」被日艦俘去。日艦又強迫「高昇號」投降，「高昇號」上的中國士兵和軍官寧肯葬身波濤之中，堅決拒絕投降。日艦發炮轟擊，中國軍隊以步槍還擊。最後，「高昇號」被日艦發射的魚雷擊沉，船上一千多名英勇堅決的士兵壯烈地沉沒在大海中。

當「濟遠」「廣乙」出發護航時，北洋艦隊本來準備全部出動應援，眾艦已生火待發，但李鴻章認為中日兩國尚未宣戰，日艦一定不會先開火，電令北洋艦隊不必出動。假使不是李鴻章阻擋的話，北洋艦隊正好可以趕上豐島海戰，三艘日艦必將遭到殲滅性的打擊。

豐島海戰中，中國軍艦一逃一焚，陸軍千餘人犧牲，日本以不宣而戰的偷襲手段取得了可恥的「勝利」。而中國廣大士兵表現了英勇機智和臨危不屈的愛國主義精神，值得我們讚頌和敬佩。

豐島海戰以後，中日兩國的陸軍在朝鮮進行了激烈的戰鬥。北洋海軍沒能攔截日軍在朝鮮登陸。日本侵略者在朝鮮戰場上取得優勢，攻陷了中國軍隊設防的平壤，把戰火燒至鴨綠江邊。

五　黃海大戰

一八九四年九月中旬，中日陸軍在平壤激戰，中國派援軍從海道到鴨綠江邊的大東溝，北洋艦隊出去護航。護航的任務完成以後，北洋艦隊準備於九月十七日返航旅順。這時候，日本艦隊掛着美國的旗子，全隊開到大東溝外，抱着「聚殲清艦於黃海中」的狂妄計劃，逼我進行決戰。丁汝昌等發現日艦逼近，遂列陣應戰，一場悲壯激烈的海戰開始了。

大東溝外，中國軍艦共有十四艘，其中四艘因太小太弱而沒有參加作戰，實際投入戰鬥的只有十艘，另有魚雷艇四艘。日艦共有十二艘，全部投入戰鬥。從力量對比來說，中國軍艦十艘，共三點一萬噸。日本軍艦十二艘，共三點八萬噸。日艦在數量上略佔優勢。更重要的是中國軍艦陳舊，主力戰艦「定遠」和「鎮遠」的艦齡已達十二年，日本軍艦大多是在甲午戰爭前不久下水的，式樣很新，動作便捷。從航速方面看，日本最快的「吉野」每小時可達二十二海里，其他日艦大多是每小時十九海里，中國艦隻的速度每小時只有十四五海里。而且，日艦裝備的速射炮很多，進攻的速度快、火力強。中國軍艦的優點是「定遠」和「鎮遠」的炮較大、裝甲較厚。總的來說，日艦在數量和質量上都佔據優勢。

中日兩支艦隊相遇，日艦以「吉野」「高千穗」「秋津洲」「浪速」四艘精銳的戰艦為前鋒，旗艦「松島」率領「千代田」「嚴島」「橋立」「比叡」「扶桑」等艦組成本隊，排成魚貫縱列式依次銜尾前進，最弱小的「西京丸」「赤城」掩蔽在本隊的左舷側。艦隊司令伊東祐亨在松島艦上指揮作戰，海軍軍令部長樺山資紀乘坐「西京丸」觀戰。中國軍艦排成雁行橫列式迎戰，「定遠」「鎮遠」居中，「定遠」的左面是「靖遠」「致遠」「廣甲」「濟遠」，「鎮遠」的右面是「來遠」「經遠」「超勇」「揚威」。海軍提督丁汝昌乘坐旗艦「定遠」督戰。

日本艦隊的陣式是以四艘快速艦作為進攻主力，並且始終以舷側炮應戰，充分利用了快速艦的機動靈活性和一舷齊射的速射炮威力，但是它殿後的幾艘弱艦沒有強艦掩護則易受攻擊，這是它的弱點。中國艦隊是遭到突然襲擊而倉促整隊的，排成雁行橫列式是為了使「定遠」「鎮遠」兩巨艦突出在中央的前方，以掩護整個艦隊，同時又使全部戰艦可以迅速地接近敵艦，以便發揮全隊的炮火威力。但是這種橫列陣式只

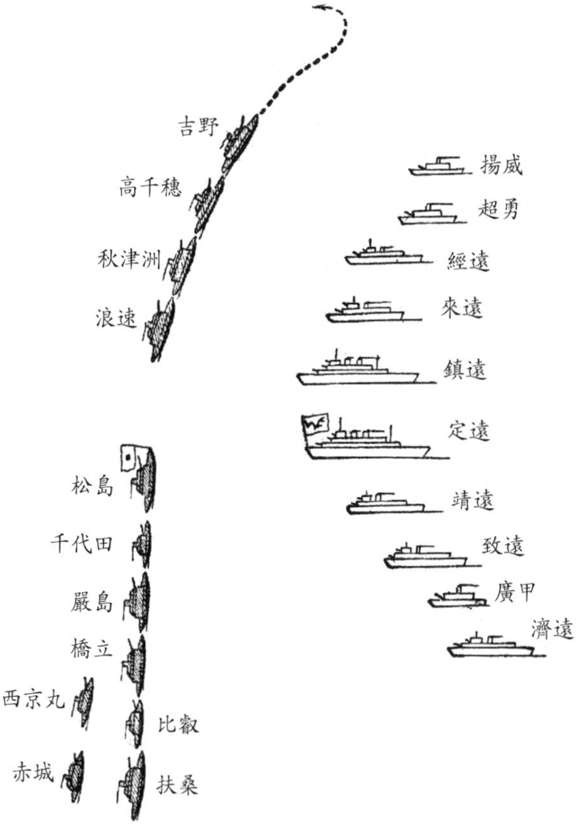
吉野
高千穗
秋津洲
浪速
揚威
超勇
經遠
來遠
鎮遠
定遠
靖遠
致遠
廣甲
濟遠
松島
千代田
嚴島
橋立
西京丸
比叡
赤城
扶桑

海戰開始時雙方隊形圖

能利用艦首炮在較狹窄的扇面範圍內進行射擊，不能充分發揮全艦的火力；而且此陣式把速度不同的船隻錯綜混合地編在一起，大大限制了其中某些快速艦（靖遠艦和致遠艦）的運動速度，削弱了主動進攻的能力，以致整個艦隊始終處在不利的防禦地位。

九月十七日中午十二時五十分，炮戰開始。日方「吉野」等四艘先鋒艦以兩倍於我艦的速度橫越我隊形前面，繞攻我右翼的「超勇」「揚威」兩弱艦，旗艦「松島」率本隊繼進。一時炮聲大作，黃海的海面上波濤洶湧，煙霧瀰漫。我旗艦「定遠」的桅樓被敵彈轟塌，丁汝昌等墜樓受傷，我艦隊失去號令，不能適應戰鬥形勢而改變隊形。不久，「超勇」「揚威」兩艦中彈起火，「超勇」首先傾覆。但日本艦隊殿後的「比叡」「扶桑」「西京丸」「赤城」四艘弱艦速度遲緩，跟不上本隊各艦，被「定遠」「鎮遠」等攔腰截斷，陷入我方火力網中。我炮猛烈轟擊，

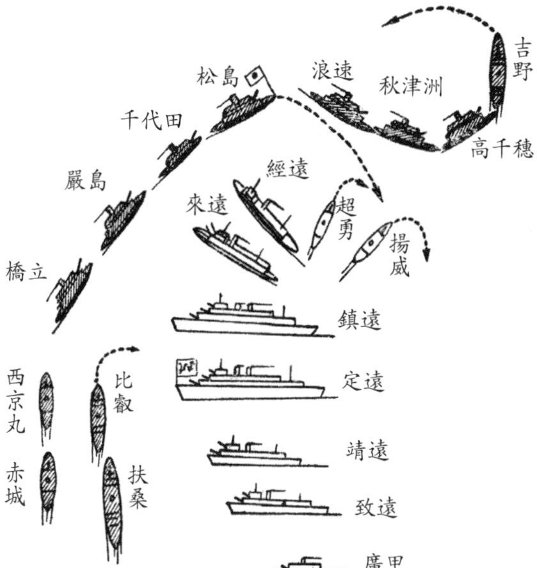

交戰後雙方隊形圖

敵艦升起熊熊大火，負傷慘重。第一個回合的戰鬥，雙方都集中火力攻擊對方的弱艦，互有殺傷。從戰果上說，彼此旗鼓相當，未分勝負。

這時，日本先鋒四艦見殿後弱艦危急，就向左迴旋，返回援救，日艦本隊也越過中國艦隊的右翼，向右迴旋，形成鉗形包圍圈。中國方面因旗艦「定遠」的桅樓已坍塌，無法傳送號令，諸艦各自為戰，隊形紊亂，陷入包圍圈中。

但是大部分中國軍艦都沉着應戰，發揮了勇敢頑強的戰鬥作風。無論日本方面還是參與戰鬥的外國顧問都承認中國的水兵「炮術極佳」「可稱善戰」。他們瞄準敵艦，奮勇射擊，彈無虛發，個個命中。奇怪的是日本軍艦好像使用了甚麼魔法，炮彈打中了，竟不能爆炸。原來，外國軍火商和中國軍需官狼狽為奸，把裝滿泥沙的假炮彈冒充真炮彈，使海軍將士在這次激戰中大吃苦頭。

敵艦的速射炮迅速地吞吐着火舌，密集的彈雨傾瀉在我方戰艦上，優勢已被敵方掌握。勇往直前的致遠艦中彈最多，全船大火，像一條負了傷的火龍。管帶鄧世昌見敵勢猖獗，憤不欲生，奮勇地鼓輪，直向「吉野」撞去，準備和「吉野」同歸於盡，以挽救整個戰局，不幸被「吉野」所放的魚雷擊中，頓時傾覆，鄧世昌和全船官兵壯烈犧牲。

最可恥的是「濟遠」管帶方伯謙和「廣甲」管帶吳敬榮，他們看到致遠艦沉沒，恐怕敵艦轉過大炮轟擊自己，慌忙轉舵逃跑，一口氣逃回了旅順。匆促之間，濟遠艦竟撞着了已負重傷、漂浮在海面上的揚威艦的舵葉，揚威艦被撞沉海底。廣甲艦脱離戰鬥後，恐怕敵艦追趕，靠着海岸淺灘處迂迴行駛，不料中途擱淺，吳敬榮棄船登陸，狼狽逃生。幾天以後，「廣甲」被日艦發現擊沉。

戰鬥愈來愈激烈，敵艦把火力集中到經遠艦上，經遠艦管帶林永升

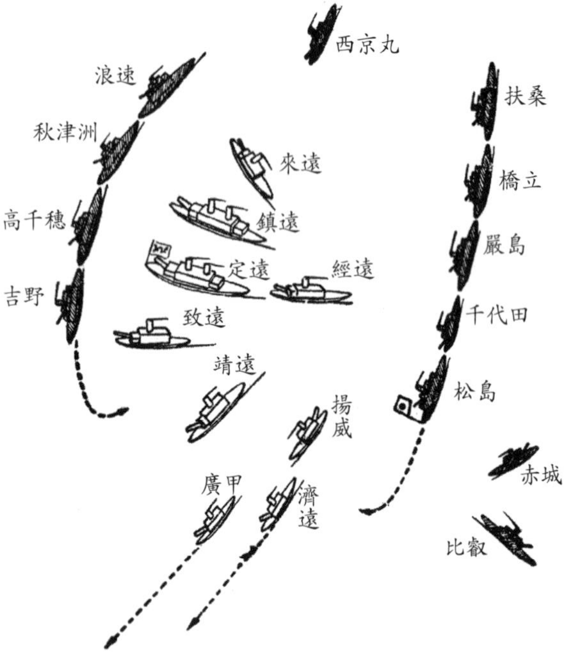

日艦包圍清艦圖

浴血抗擊，中彈陣亡，船也被焚沉沒。中國的十艘軍艦，四沉二逃，還剩下四艘在堅持戰鬥。

但是中國的海軍將士們並沒有氣餒，他們在鄧世昌、林永升等英勇戰鬥精神的鼓舞下，奮力作戰，越戰越勇，使日本方面付出了慘重的代價，「赤城」「比叡」「西京丸」已脱離隊伍，暫時不知去向。戰鬥結束後，日艦才發現它們癱瘓在遠處海面上，其中「西京丸」還幾乎被我艦生俘。「吉野」和「扶桑」都受重傷，死亡枕藉，烈火熊熊，船面上被轟得蕩然無存。特別是旗艦「松島」被我艦火力所萃，中彈數百處，已像一具僅存軀殼的殭屍，完全失去了指揮和作戰的能力，靠着其他日艦的扶持才沒有立即沉入海底，敵艦半數已負重傷。

這時，紅日已經西斜，萬頃碧波上籠罩着濃密的煙霧，敵方先鋒四艦仍在環攻我「定遠」「鎮遠」。這兩艘鐵甲艦緊靠在一起，像兩個巨人，英勇地屹立在槍林彈雨中。戰鬥已進入最後階段，雙方的大炮仍在轟隆隆地怒吼，「靖遠」見「定遠」桅樓坍折，不能號令指揮，就主動升旗集隊，大東溝內的「平遠」和「廣丙」也出來集合。時間已到下午五點三十分，日艦傷亡慘重，筋疲力盡，不能再戰。旗艦「松島」已完全癱瘓，就由橋立艦代行升旗收兵。氣壯山河的一場大戰結束了。日艦在蒼茫暮色中向西南方向遁逃。

這次海戰進行了四個半小時，結果中國失去五艦，尤其是「致遠」「經遠」的沉沒，損失是很大的。日方受重傷的有六艦，其中「西京丸」已粉身碎骨，「比叡」「赤城」如罹腰斬，這三艘日艦勉強被拖回日本，不久「西京丸」和「赤城」即沉沒。旗艦「松島」受傷太重，已無法修理，此後即退出戰艦序列。所以，我方雖未獲勝，而日方也沒有佔着很大便宜。

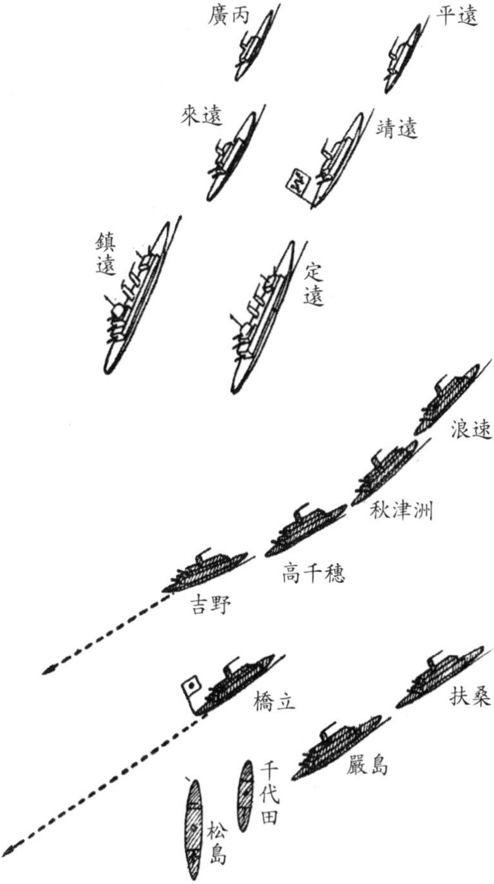
廣丙
平遠
來遠
靖遠
鎮遠
定遠
浪速
秋津洲
高千穗
吉野
橋立
扶桑
嚴島
千代田
松島

戰鬥結束時雙方隊形圖

這次海戰，中國方面的條件是很不利的。第一，北洋海軍在八年之內沒有購置新艦，所以我艦在數量和質量上均居劣勢，而日本海軍主力是後來購置的新型軍艦，航速快、炮速快、機動性強，雙方炮速為六比一，即我軍發一彈，敵軍發六彈；第二，日方發動突然襲擊時已排列成主動進攻的隊形，我艦被迫應戰，倉促整隊，處於被動地位；第三，炮戰開始後「定遠」桅樓被轟折，不能號令全軍，我艦失去總指揮，處於各自為戰的狀態；第四，方伯謙、吳敬榮臨陣脱逃，而且撞沉揚威艦，衝亂了隊形，我方戰鬥力大為削弱。這些都是對我方極不利的條件。但是我方士兵忠勇奮發、鬥志昂揚，不因稍挫而氣餒，給來犯的敵艦以迎頭痛擊。「定遠」「鎮遠」兩艦各中彈數百發，但鐵甲堅厚，打不沉，艱苦地支撐到最後，終於擊退了日艦，粉碎了敵人「聚殲清艦於黃海中」的狂妄計劃。

黃海大戰中，中國海軍的英勇戰鬥事跡將長存史冊，他們的愛國主義精神將永垂不朽！

黃海大戰，中日雙方均受重創，但日本海軍修復能力優於中國海軍，北洋海軍在旅順口修理的時候，日本艦隊已能逐漸恢復，重回海上。這對後來的戰事起到了重要的作用。

六　旅順口和威海衛的陷落

黃海大戰的同時，平壤也發生了激戰，但是陸上戰事的情況比海戰要糟糕得多。清軍統帥葉志超、衛汝貴不戰而逃，平壤失守，戰火很快蔓延到中國領土上。十月下旬，日本侵略軍分兩路侵入中國，一路從朝鮮跨越鴨綠江，攻佔我國東北邊境上的九連城、鳳凰城；另一路由海道至遼東半島腰部東側的花園口登陸，從背後襲擊旅順海軍要塞。戰鬥進入了極艱苦的階段。

旅順和威海衛是北洋海軍的兩個基地。這兩個軍港夾海相對，控制着渤海的門戶。旅順背山面水，形勢險要，李鴻章花費了十多年時間和幾千萬兩銀子，在這裡建築了新式的大船塢、十八座海岸炮台，還有一些陸路炮台，裝備着數百門最新式的德國克虜伯大炮，並且還貯存着無數軍械、器材和糧食，駐防軍隊有兩萬人。按照地勢、兵力、裝備來說，清軍大可和日本侵略軍進行一場有聲有色的決戰。但是由於許多清軍將領的不戰而逃，一切有利條件都沒有發揮作用。這個異常堅固的海軍要塞只經過短促的戰鬥就完全崩潰了。

日軍登陸前的六天，受到重創的北洋海軍離開旅順，駛往威海衛修理。十月二十四日，日軍開始在旅順的後路花園口登陸，日軍三萬人和大批軍火、輜重用浮碼頭陸續運送了十二天才全部登岸。

日軍進攻開始了。總兵①徐邦道主張在旅順的後路設防抵抗，他率領二百多士兵從已經無人管理的倉庫裡拖出四門大炮，開到旅順的後路。這裡的日本侵略軍以為旅順的守軍已經逃光了，便大搖大擺地闖進來，冷不防被徐邦道用大炮轟擊一陣，死傷遍地，狼狽逃竄。徐邦道率領二百多英勇兒郎一直追殺到金州②西南的雙台溝。

但是徐邦道的軍隊很少，而且沒有帳篷、糧食、鍋具。旅順的官僚、將軍逃得一乾二淨，沒有人給這支出力抗日的軍隊辦後勤供應。他們打了一整天仗，已經是精疲力竭，還得退回旅順去吃飯。幾天以後，日軍集中了一百多門大炮猛攻旅順，徐邦道軍戰敗。十一月二十一日，日軍侵佔旅順口，這個經營了十多年的海防要塞同倉庫裡的大批槍炮、器材、糧食全都成了日本侵略軍的戰利品。

旅順口陷落以後，日本侵略者立即策劃着進攻另一個海軍要塞——威海衛。威海衛突出在山東半島上，南北兩岸漸伸入海，環抱成半圓形，港口橫列劉公島和日島。這裡有海軍提督衙門和各種海防設施，威海衛北岸有九座炮台，南岸有三座炮台，劉公島和日島上有五座炮台，共安裝大炮一百六十多門，確是個地勢險要、設防森嚴的優良軍港。日本侵略者不惜一切代價要奪取這個地方，以便完全消滅停泊在這裡的北洋海軍。

日本進攻威海衛的辦法與進攻旅順一樣，繞過要塞炮台的正面，從後路登陸，發動進攻。

一八九五年一月二十日，日軍在威海衛東側榮成縣的龍鬚島登陸。這裡是個很重要的地方，但駐防的清兵只有四百人。日軍出動了二十五艘戰艦和二萬人，一擁而上，清軍抵抗不住，日本侵略軍紛紛爬上了山東半島，在威海衛的後方點燃了戰火。

這時，北洋海軍一動不動地株守在威海衛的軍港裡，眼睜睜地坐視敵人從容登陸，抄襲自己的後路，束手待斃。

日軍登陸以後，立即搶佔榮成，並分兵兩路，進撲威海衛。山東巡撫李秉衡事前沒有周密設防，臨時調集一些軍隊堵禦，戰鬥幾晝夜，都失敗了。日本侵略軍推進到威海衛南岸炮台的後路。

接着，日軍開始進攻威海衛。威海衛南岸炮台的主將劉超佩假稱腿部受傷，坐小輪船逃跑了。中國士兵們自發地起來抵抗，北洋海軍也在軍港中發炮支援，給敵軍以重大殺傷，日軍左翼隊司令官大寺少將也被炮火擊斃。戰鬥兩晝夜，中國守軍既失指揮，又無援軍，南岸炮台遂告失守。

戰鬥前夕，丁汝昌恐怕炮台的大炮被日軍奪去後用來俯擊軍港中的北洋海軍，所以預先拆卸下大炮的機件。但是，炮台守將認為這樣做自己的面子上不好看，堅決反對拆卸大炮，到李鴻章那裡告狀，李鴻章電令丁汝昌把拆卸下來的大炮機件都送回去。沒過幾天，南岸炮台就失守了，這些大炮都被日軍俘獲。這時定遠艦上有一個勇敢機智的炮手李某，在炮台失守前夕，上岸用大量炸藥炸毀了一座炮台，減輕了對港內軍艦的威脅，可惜的是另外兩座威力強大、機件完整的炮台仍然落入日軍的手中。

南岸炮台失守以後，北岸炮台的清軍將領紛紛逃跑，士氣瓦解，日軍沒有經過甚麼戰鬥就輕而易舉地佔領了北岸炮台。

南、北兩岸炮台陷落以後，北洋海軍被困在劉公島邊，前有大批日艦的封鎖堵截，後有陸路炮台的猛烈轟擊，北洋海軍像釜底之魚，陷入了絕境。

注釋：

①鎮守一方的統兵官。

②今遼寧金縣，在旅順東北。

七　北洋海軍的覆滅

強烈的北風在呼嘯，威海衛的群山上覆蓋着皚皚白雪，日本侵略軍居高臨下，用剛剛俘獲來的海岸大炮連續向軍港射擊，海水被掀起一根根直升百丈的水柱，隆隆不絕的炮聲震得山鳴谷應。

北洋海軍在進行最後的抵抗，軍艦上、劉公島上以及日島上的大炮一齊怒吼，顯示了中國軍隊抵抗到底、寧死不屈的決心。一個曾經目睹這次炮戰的外國顧問，對當時日島炮台上的情形有這樣一段描寫：「從戰爭開始到停止，日島當着南岸三炮台的炮火。地阱炮升起來後，更成了那三炮台的標的。這些炮並沒有附着鏡子，所以升炮的人一定要到炮台上面去，結果這人立刻受對方炮擊，這是很危險的職任。可是那些年輕的水兵仍舊堅守着這些炮，奮勇發放。一次，三個水兵守着一個炮，冒着兇猛的轟擊。湯瑪斯（炮台上的外國顧問）叫他們放棄這炮，他們都反對。其中有一個因炮彈爆發，頸上、腿上和臂上三處受了傷，可是一等傷處裹好，他仍舊堅決地回到他的職守，隻手助戰。」

由於軍港的東口靠近威力強大的南岸炮台，中國軍艦不能在這裡駐足，便開到西口避炮。日本的魚雷艇在炮火掩護下，拆除了東口的水雷和障礙物，於夜間進港偷襲。二月四日清晨，日本兩艘魚雷艇趁着天黑之際，直撲定遠艦，定遠艦發炮迎擊，將兩艘魚雷艇擊沉，但定遠艦也被水雷擊中，受了重傷，後來我方自行將定遠艦炸沉。

當時丁汝昌曾經提出突圍的主張。突圍當然會遭到重大損失，甚至可能全軍覆沒。但以北洋海軍尚保持的實力來說，突圍一定能給敵艦相當的殺傷，比起困在港內捱打要強出無數倍。但是，這個主張遭到外國顧問和怕死的官吏們的堅決反對而沒有實現。

時間一天天過去了，北洋海軍整日夜處在大炮轟擊和魚雷艇偷襲的威脅中。二月六日，「來遠」「威遠」「寶筏」三艦被偷襲的日本魚雷艇擊沉。二月九日，靖遠艦又中炮沉沒。丁汝昌為了回擊敵人的偷襲，命令左一魚雷艇管帶王平率十三艘魚雷艇襲擊敵艦。但卑鄙的王平膽小怕死，當雙方艦隻在東口炮戰時，他不但不執行伺機襲擊敵艦的命令，反而率領全部魚雷艇從西口逃跑。這一群可恥的逃兵不久即被日艦追及，連船帶人全都被敵人俘獲。

敵人的包圍一天天緊縮，北洋海軍艦隻日益損耗，彈藥糧食也將用盡。丁汝昌等人天天盼望陸上援軍從日軍手裡奪回南、北岸炮台。可是那些清軍將軍們早已逃得無影無蹤，山東巡撫李秉衡空嚷一陣「反攻」「增援」，卻沒有派出一個兵來，自己躲在數百里外的掖縣（治所在今山東萊州）行轅裡圍爐賞雪，置北洋海軍全體將士於死地而不顧。

二月十一日，丁汝昌得密信，知外援無望，勢難久守，就召集會議，命令冒死突圍。但是，副提督英國人馬格祿、美國顧問浩威、德國顧問瑞乃爾、英國顧問泰萊等都反對，他們和一些官吏、將領如營務處的牛昶炳等勾結起來，拒絕突圍，還主張獻出軍艦、炮台，向日本投降。丁汝昌下令炸沉鎮遠艦，他們恐怕毀壞了乞降的禮物，日本人會生氣，又不執行命令。他們甚至收買一些流氓兵痞，持刀威脅丁汝昌，逼他趕快投降。丁汝昌在投降派的脅迫下，不能執行統帥的權力，於二月十一日夜間服毒殉國，和丁汝昌同時自殺的還有總兵劉步蟾（定遠艦管帶）、張文宣（劉公島陸軍統領）、楊用霖（鎮遠艦代理管帶）等。

丁汝昌是北洋海軍的統帥，他出身於淮系陸軍①，被李鴻章提拔為海軍提督，丁汝昌表現了一個愛國軍人的應有品質，他竭盡所能，抵抗日本的侵略，臨危不屈，死而後已，和那些可恥的逃跑將軍、投降將軍是不可同日而語的。

丁汝昌死後，投降派更肆無忌憚地活動起來，他們在牛昶炳的住所開會，公推美國顧問浩威起草了投降書，向敵人乞降。日本軍隊靠這些投降派的幫助，開進了劉公島。當時，不甘屈服的士兵們還踞守着幾個據點，進行最後的抵抗，但隨即被日軍鎮壓。留在軍港中的殘餘艦隻「鎮遠」「濟遠」「平遠」「廣丙」以及大批槍炮、輜重都拱手送給了敵人。北洋海軍就這樣全軍覆滅了。

注釋：

① 清末以李鴻章為首的封建軍閥武裝。

八 結束語

北洋海軍的建立經過了三十年的歲月，付出了艱苦卓絕的努力，其中有千千萬萬動人的故事，它所體現的是中國在列強環伺、民族危亡之際民族的奮起和抗爭的歷史。

北洋海軍的建立不僅是一支武裝力量的興起，而且是引領整個洋務運動發展的歷史事件，代表着中國社會從農耕文明向近現代社會轉型的過程。一支海軍如果沒有鋼鐵、沒有船塢、沒有造船廠、沒有鐵路、沒有礦山、沒有學堂、沒有專業化人才，則不能稱其為海軍。北洋海軍的建立標誌着中國社會全方位的進步，它奠定了中國近現代社會的基礎。

那些為建立中國海軍而艱苦奮鬥的人們，那些為後世創立發展基業的人們，那些在捍衛國家主權和尊嚴的戰爭中犧牲的人們，永遠值得我們尊敬和紀念。

修訂後記

這是寫於一九六二年的一本舊作。一九五八年，北京市副市長吳晗同志鑑於市場上缺乏歷史的普及讀物，因而以個人之力組織「中國歷史小叢書」編委會，聘請人員寫作。該叢書以普及中國歷史知識為目的，出版以後大受歡迎，不僅中學生人手一冊，競相購閱，就是中年知識分子與幹部也十分愛讀，幾有洛陽紙貴之盛。一九六二年，吳晗同志向編委會提議，每一編委必須選寫一冊，以為倡議。當時我忝為編委之一，因此選擇此題寫成此書。「中國歷史小叢書」共出版一百數十種，寫作者遍及全國各地，往事已成塵影，徒供憶歎！

當年北洋海軍的史料甚少，四處訪覓難得。時過五十五年，大批歷史資料被發現和出版。當年因無史料，缺陷很多，如今重新出版，但我現在無法大量閱讀改寫，只能略加修改，略微改進。簡陋之作，難以盡如人意。

戴逸識，年九十一歲

責任編輯　楊克惠
書籍設計　霍明志
排　　版　高向明
印　　務　馮政光

書　　名　北洋海軍
叢 書 名　大家歷史小叢書
作　　者　戴　逸
出　　版　香港中和出版有限公司
Hong Kong Open Page Publishing Co., Ltd.
香港北角英皇道四九九號北角工業大廈十八樓
http://www.hkopenpage.com
http://www.facebook.com/hkopenpage
http://weibo.com/hkopenpage
Email:info@hkopenpage.com
香港發行　香港聯合書刊物流有限公司
香港新界荃灣德士古道二二〇－二四八號荃灣工業中心十六樓
印　　刷　美雅印刷製本有限公司
香港九龍官塘榮業街六號海濱工業大廈四字樓
版　　次　二〇二二年三月香港第一版第一次印刷
規　　格　三十二開（128mm × 188mm）八〇面
國際書號　ISBN 978-988-8694-23-5